探索发现科普知识
系列丛书

奇趣的昆虫

张　俊◎主编

团结出版社

图书在版编目（CIP）数据

奇趣的昆虫 / 张俊主编 . -- 北京 : 团结出版社 ,2024.3

（探索发现科普知识系列丛书）

ISBN 978-7-5234-0862-9

Ⅰ . ①奇… Ⅱ . ①张… Ⅲ . ①昆虫学—青少年读物

Ⅳ . ① Q96-49

中国国家版本馆 CIP 数据核字 (2024) 第 055290 号

出　版：团结出版社

　　　　（北京市东城区东皇城根南街84号　　邮编：100006）

电　话：（010）65228880　65244790

网　址：http://www.tjpress.com

E-mail：zb65244790@vip.163.com

经　销：全国新华书店

印　装：三河市龙大印装有限公司

开　本：170mm×240mm　　16开

印　张：6

字　数：70千字

版　次：2024年3月第1版

印　次：2024年3月第1次印刷

书　号：978-7-5234-0862-9

定　价：215.00元（全12册）

前 言
PREFACE

在地球上，昆虫是数量最多的动物群体，它们的踪迹几乎遍布世界的每一个角落。

我们在平时的生活中也能见到昆虫，比如蚂蚁、蜜蜂、蟋蟀、蝴蝶等。这些形形色色的小家伙也许没有庞大的体型、没有动人的叫声，但是总能引起人们的注意和好奇。目前，人类已知的昆虫约有100万种，本书特别精选出最具代表性的种类，针对孩子们关心的问题，生动详尽地将这些小生命的体貌特征、生活习性及特殊本领做了一次汇总。本书知识点全面，版式新颖，读起来十分轻松，很容易在孩子们的脑海中留下印象。

童年的时光是最美好的，而充满好奇心的童年则更有价值。在成长的过程中，每一个孩子都会问无数个"为什么"，然后伴随着这一个个答案的水落石出而慢慢长大，去认识世界、探索未来！

目 录

part 1　走进昆虫世界

part 2　甲虫家族

part 3　蝶和蛾家族

part 4　**蚂蚁、胡蜂、蜜蜂家族**

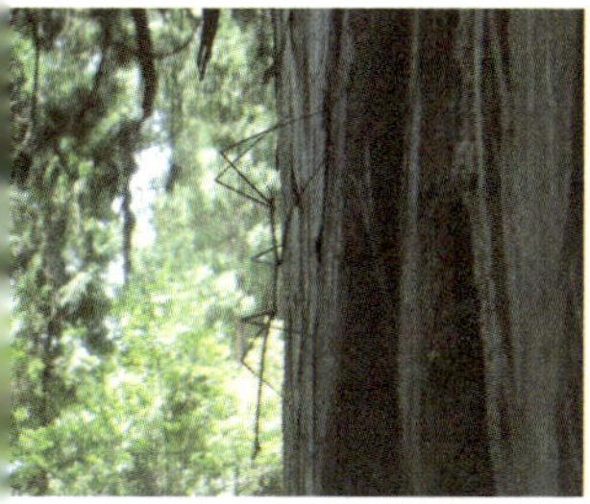

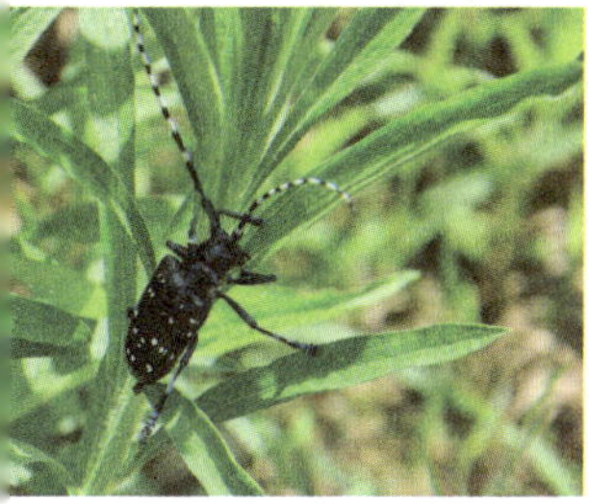

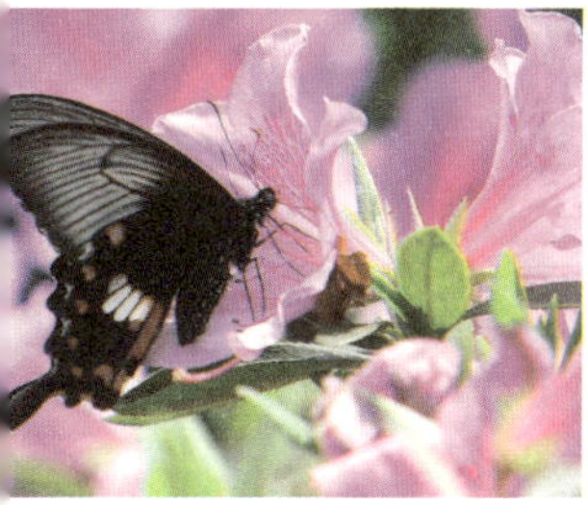

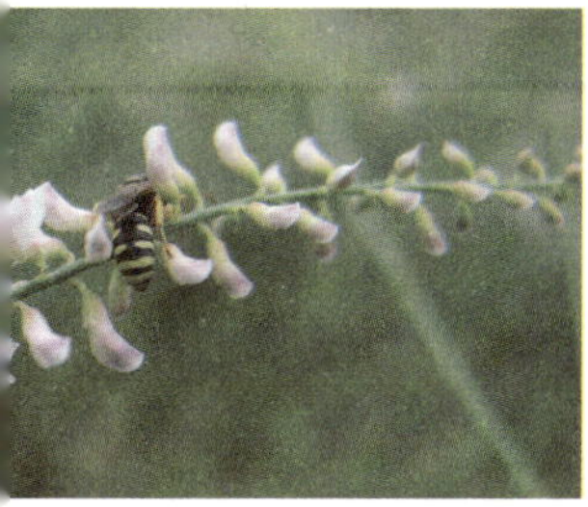

part 5 蝇家族

part 6 蝽和其他昆虫家族

part 7　昆虫与人类

part 1

走进昆虫世界

昆虫是什么时候出现的？

现在我们说人是万物之灵，但人类出现的时间比小小的昆虫晚得多，而在数量上那更是不能比的。据研究，这些活泼的生命最早应该出现在4亿年前，而现存的昆虫大多数都已经在地球上生活了2.5亿年。

在地球上，昆虫是第一类演化出飞行能力的生命体。大约在3亿年前的石炭纪就出现了具备飞行能力的昆虫，7000万年以后才出现有飞翔能力的脊椎动物（飞龙类）。

随着环境的改变，许多昆虫种类逐渐丧失了飞行能力，像虱子、跳蚤就丧失了全部翅的残余，再也不能飞行了。

▶ 在昆虫中，独角仙的飞行能力十分突出

▶ 白蚁

最古老的社群性昆虫是谁?

　　不仅人类要在群体中生活才能更好地生存下去，动物也一样，而最早形成社群性生活的昆虫就是白蚁。根据古生物学家的研究发现，人类已知的最早的古代白蚁，出现于距今2.5亿年前，比蜜蜂和其他种类的蚂蚁要早出现1.8亿年。

　　白蚁也被称为大水蚁（通常在下雨前出现，因此得名），为等翅目昆虫，种类约3000种，为不完全变态的渐变态类昆虫。每个白蚁巢内的白蚁个体可达百万只以上，这样庞大的数量使它的破坏性十分巨大。

数量最多的昆虫是哪种？

一个族群总是有数量多和少的，在昆虫世界里，数量最多的就是弹尾虫。有人曾在面积4000平方米、深度28厘米的草地的表土层里，发现了2.3亿只弹尾虫。弹尾虫像其他常见的昆虫一样，身材很小，几乎只有米粒大小，在靠近尾部（腹部第4节）的地方有一个叉状弹器，能够弹跳，这也是它被人们称作弹尾虫的原因。

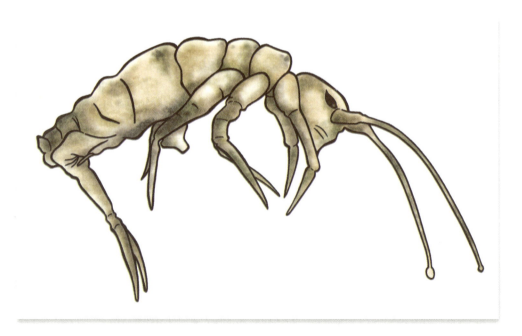

▶ 弹尾虫

昆虫的身体分为哪几部分？

昆虫最明显的特征就是身体分为头、胸、腹3个部分，所有的昆虫通常都有2对翅和6条足，翅和足都位于胸部，身体由一系列体节构成。昆虫的头部一般都有一对触角，骨骼包在体外部。和其他生物不同的是，昆虫一生形态多变化，它们可以说是地球上一道丰富多彩的生命奇景。

▶触角是昆虫常见的身体部件，图为长有触角的蝗虫

昆虫的眼睛长什么样?

眼睛是我们最熟悉不过的视觉器官，而昆虫的眼睛并不是表面上那样简单。除寄生性昆虫外，一般昆虫都有一对复眼，头顶上还有1~3个单眼。复眼由许多六角形的小眼组成，单眼有背单眼和侧单眼之分。

昆虫能看见人类和绝大多数动物都看不见的紫外线，而有些花瓣可以反射紫外线，所以昆虫就能依靠这种独特的视觉，根据紫外线的变化找到花蜜和花粉。

▶昆虫眼睛特写

昆虫有耳朵吗?

我们从来没看到过昆虫的耳朵,可我们在接近它时,它很快就会跑掉,这说明它是有听觉器官的。

许多昆虫没有真正的听觉器官,对于外界声音,它们通过身体的一些特别器官来感知,例如雄蚊子就是用触须上的毛感知雌蚊子声音的。还有一些昆虫身上带有鼓膜,鼓膜有的在身体两侧,

▶ 蝉的耳朵长在腹部的下面,图为草蝉

有的则在腿上。鼓膜对外界的声音很敏感,在被某种声音震动以后,鼓膜把声音震颤的频率传给感觉细胞,昆虫就能"听"到声音了。这类昆虫比较常见的有蟋蟀、蝗虫、蚱蜢、蝉等。

昆虫的听觉很发达吗?

昆虫的听觉系统跟人类是没办法比的,不过它们的听觉范围和辨别能力却是我们人类所无法想象的。有些昆虫听到的超音速声音,比人类能够听到的最高音还高两个八度音阶。而且,它们还能辨别声音的性质,比如蟋蟀可以分辨出另一只蟋蟀的声音,不会把同类的鸣声与人类用锉刀刮擦以同样音调发出的模拟声音相混。

▶ 蟋蟀的耳朵长在第一对足的小腿上边,十分敏锐

昆虫有鼻子吗？

常言说，麻雀虽小，五脏俱全。那昆虫是不是也是这样呢？昆虫当然不能跟脊椎动物比，比如说它的鼻子就很奇怪。昆虫是一种很小的动物，我们用肉眼很难看出它们有没有鼻子或有没有鼻孔。不过，如果我们把它们放到显微镜下，就可以看到它们胸部及腹部表面或节间有一个圆形的气孔，它们就是以身体上的这些气孔进行呼吸的，但气孔没有闻味的功能。

昆虫一般都有几只脚？

人类、禽类等较大的动物，都有2只或4只脚，但是昆虫怎么长有6只脚呢？

昆虫的身体小，力量又薄弱，遇见敌人来袭时只能迅速逃走，根本没有抵抗的能力。然而，长了6只脚，就可以站得很稳，并快速避开敌人的侵袭。

▶ 脚是昆虫的外骨骼

你观察过昆虫走路的情形吗？

昆虫既然有6只脚，那它走路当然就不能跟人一样了，它们并不是左脚和右脚分别举步，而是一边举起前脚和后脚，另一边举起中间的一脚。所以，昆虫每跨出一步，另一边都正好呈一个三角形，使昆虫可以跑得又快又稳。

▶ 昆虫走路主要是靠其胸足完成的

昆虫能辨别颜色吗？

你知道吗，昆虫也能够辨别出不同的颜色来。就拿蜜蜂来说，它不仅能够辨别黄色和白色，还可以把两种颜色牢牢记住。

▶ 落在花朵上的蜜蜂可以区分黄、白颜色

昆虫冬天躲在什么地方？

小小的昆虫既没有厚厚的毛皮外衣，也没有厚厚的脂肪，它是如何躲过严冬的呢？昆虫在寒冷的冬天不能出来活动，因为它们得想办法冬眠，这是昆虫求生存的本能。昆虫用不同形态进行冬眠，如蝼蛄的成虫于秋末冬初在地洞里冬眠，螟虫、蜉蝣等以幼虫的形态找地方过冬，地老虎等是以蛹的形态过冬，而蟋蟀等昆虫则是把卵埋起来或藏到一个地方度过寒冬。各类昆虫不论采取哪一种形态过冬，都必须提前做好准备：先要在体内储存下足够的营养，排掉体内的水分，然后再选择一个保温而且隐蔽的地方。

▶ 小地老虎的蛾状态

有些昆虫为何爱吃有毒的食物?

　　我们吃东西会担心中毒，可小小的昆虫是如何避开那些有毒的食物的呢? 而有些昆虫还喜欢吃一些我们认为有毒的东西，这是为什么呢?

　　有些昆虫经常以一些有毒的植物为食，并把毒汁储藏在体内。它们的身体会呈现出几块黄色或黑色的斑纹，以此警告捕食者: 我们有毒，千万不要捕食我们，要当点心哟!

▶ 斑蝶幼虫以有毒的天星藤为食料，所以体内有剧毒。图为有毒的夹竹桃

哪些昆虫喜欢在土壤中生存？

　　天生万物，万物不同，当然生存习惯也是不同的，对于人类喜欢的大房子，昆虫可不一定适宜。昆虫既有生活在水里的，也有生活在土壤里的。其中，生活在土壤里的昆虫都以植物的根和土壤中的腐殖质为食物。它们由于在土壤中的活动和对植物根的啃食而成为庄稼、果树和苗木的害虫。这些昆虫最害怕光线，大多数种类的昆虫活动与迁移能力都比较差，白天很少钻到地面上活动，晚上和阴雨天是最适宜它们的活动时间。这类昆虫常见的有蝼蛄、地老虎（夜蛾的幼虫）、蝉的幼虫等。

▶夜蛾的幼虫

昆虫求偶时喜欢使用哪些招数?

　　人类到一定年龄要谈恋爱、结婚、生子，那昆虫是如何求偶的呢? 昆虫的求偶行为非常奇妙，有的以气味求偶，有的以舞蹈、发光或送礼物的方式求偶。一旦雌雄虫交配后，雌虫就要花费很多的时间产卵，卵又要经历多次变化才能变成成虫。

1.气味求偶

　　有些昆虫靠气味求偶，如雌性橄榄油蝴蝶在求偶时散发出一种浓烈的气味，吸引雄蝶; 雄蝶循着气味找到雌蝶，与其交尾。

2.发光求偶

　　有些昆虫在求偶时会发出一种特殊的光，如雌性萤火虫会蛰伏在草丛中，并发出微弱的光; 雄虫发现后，会用一种更明亮的闪光来回应，等待雌虫发光的变化以确定求偶是否成功。

3.舞蹈求偶

　　有些昆虫会以舞蹈的形式向异性同伴求爱。例如，蝴蝶有时会跳舞求偶，它们翅膀上的鳞片可以反射一种特殊的光，使它们的舞姿更有魅力，从而吸引异性的注意。

▶发光的萤火虫

寿命最短的昆虫是谁？

有寿命最长的昆虫，那就会有寿命最短的昆虫。蜉蝣可以说是地球上寿命最短的昆虫了。一旦从卵变为成虫，它的生命时光就不多了，一般几个小时就死亡了。然而，成虫交配后把卵产在水中，幼虫在水中却要经过1～3

▶与蜉蝣相比，蚂蚁的寿命较长，但工蚁只能活7天

年的时间才能变成亚成虫，亚成虫爬出水面蜕皮后才变成蜉蝣成虫。蜉蝣短命的原因，主要是它的嘴巴已经退化，在不能进食的情况下，它是无法活太久的。

发声最响亮的昆虫是谁？

非洲蝉是"叫声"最响亮的昆虫，不幸的是它没因为嘹亮的声音而得到喜爱，而是让听到的人几乎要发疯。非洲蝉在约50厘米外发出

警报叫声或唱歌时，音量强度高达110分贝。而且，雄性还常常喜欢"合唱"，因此它们会产生震耳欲聋的噪音。雄性体型越大，声音也就越大，也就会在吸引异性方面占有更大的优势。

▶台湾骚蝉也是各地郊山森林中较聒噪的蝉种

体型最小的昆虫是谁?

谁才是昆虫界最小的呢?获得昆虫界最小昆虫比赛并列冠军的是膜翅目的一种寄生蜂和缨甲科的一种甲虫,体长都仅有0.02厘米,而该寄生蜂的翅展只有0.1厘米,比某些单细胞原核生物还要小。

▶ 显微镜下的单细胞原核生物

你知道体重最轻的昆虫叫什么吗?

最轻的昆虫是吸血带虱和寄生黄蜂,其重量均只有0.005毫克。按此计算,20万只吸血带虱或寄生黄蜂才有1克重,1000万只吸血带虱或寄生黄蜂的重量才相当于一个鸡蛋的重量。寄生黄蜂的卵更轻,只有0.0002毫克,2.5亿万粒卵才有一个鸡蛋重。

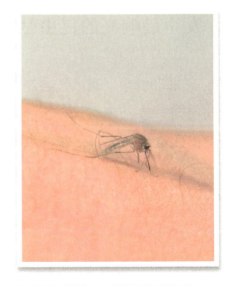

▶ 跟吸血带虱相比,蚊子已是庞然大物

你认识振翅最慢的昆虫吗？

昆虫世界真是让人着迷，爱好研究它的人就思考它们扇动翅膀的速度是一样的吗？一研究就发现了，翅翼扇动最慢的昆虫是一种带尾巴的黄凤蝶。蝴蝶的翅膀一般是每分钟拍击460~636次，而黄凤蝶在空中飞翔时翅膀每分钟只拍击300次。

▶停落在花朵上的蝴蝶

振翅最快的昆虫是谁？

▶树叶上的果蝇

知道了振翅最慢的昆虫，科学家不找到振翅最快的那种怎么可以？振翅最快的昆虫是一种小蝇。人们发现，这种小蝇翅膀振动的次数可达每分钟133080次。也就是说，这种小蝇翅膀拍1次，即肌肉从紧张到松弛只需要1/2218秒。

昆虫家族谁最血腥？

自然界的一切生物都存在着竞争，只有那些具有竞争力的才会存活下来，而生存竞争是十分残酷的。小小的昆虫世界，竟有一些喜欢血腥的家伙，其中须舌蝇可以说是最血腥的了。须舌蝇主要以哺乳动物、爬行动物和鸟类的血液为食，它用头部底端长有的一根长喙来吸血。这种吸血生物生活于非洲森林中，是公共卫生的最大威胁之一，也是人类非洲昏睡病的传播者。

▶须舌蝇

哪种昆虫发光最亮？

我们都知道萤火虫会发光，可你知道吗，它们的光不是最亮的。牙买加叩头虫发出的光才是最亮的。这种甲虫主要生活于中南美洲，长约2.54厘米。它们的头部有两盏明亮的前灯，可以持续发出绿色的光，这和萤火虫的闪烁光不太一样。

▶ 萤火虫是比较常见的会发光的昆虫

part 2

甲虫家族

甲虫名字是怎么得来的?

甲虫和其他昆虫一样，身体分头、胸、腹3个部分，有6只脚。它们最大的特征是前翅变成坚硬的翅鞘，已经没有飞行的功能，只是保护后翅和身体。飞行时，先举起翅鞘，然后张开薄薄的后翅飞到空中。因为甲虫都有比较厚重的硬壳，仿佛盔甲一样，所以习惯上称它们为甲虫。属昆虫纲的鞘翅目。

此类昆虫的适应性很强。有咀嚼式口器，食性很广，分为植食性（如各种叶甲、花金龟）、肉食性（如步甲、虎甲）、腐食性（如阎甲）、尸食性（如葬甲）和粪食性（如粪金龟）。本类群属完全变态，幼虫因生活环境和食性不同有各种形态。蛹绝大多数是裸蛹，稀有被蛹。

目前全世界的甲虫约182科，约有35万种，超过全动物界其他所有目的总和。除了海洋和极地之外，任何环境都可以发现甲虫。

▶ 甲虫

最大的甲虫叫什么?

亚马孙巨天牛和大牙天牛是世界上最大的甲虫。它们身长18厘米。大牙天牛的角(长颚)就像是专为切割树枝所设计的,当它用锐利的角钩住枝条后就绕着树枝做360°的旋转,直至把树枝锯断为止。

▶ 大牙天牛的巨齿可以咬断一根铅笔

天牛的别名有哪些?

天牛因其力大如牛,善于在天空中飞翔而得名。因它发出的"咔嚓、咔嚓"之声很像是锯树之声,故又被称作"锯树郎"。此外,中国南方有些地区称之为"水牯牛",北方有些地区称之为"春牛儿"。

天牛因种类不同,大小也有差别,最大者体长可达11厘米,而小者体长仅0.4~0.5厘米。此虫最大的特征是其触角极长,在中国华北有一种叫作长角灰天牛的,其触角长度可达自身体长的4~5倍,日常所见的天牛触须长度亦可达10厘米左右。另外一个特征就是,它的下巴强而有力。

▶ 天牛

天牛共有多少种?

　　天牛的种类很多,目前全世界已知4万多种,我国也有3550种左右。它们分布广泛,为害普遍,几乎每一种树木都受不同种类的天牛所侵害。如危害桑树的天牛有28种、柳树和杨树的有25种、柑橘类的有18种、松树的有23种。天牛中数量最多、最常见的除星天牛和桑天牛外,还有光肩星天牛、桃红颈天牛、白筋天牛、红缘天牛、云斑白条天牛、竹缘虎天牛、深山天牛等。典型的天牛,身体呈长圆筒形,背部略扁,触角特长,特别是比较常见的几种,如星天牛、桑天牛、云斑白条天牛等,它们壮硕的躯体和突出的两角,很容易让人联想到牛的样子。

天牛特写

▶象鼻虫

象鼻虫的"鼻子"有什么秘密?

　　象鼻虫是鞘翅目昆虫中最大的一科,也是昆虫王国中种类最多的一种,全世界已知的种类已达600多种,仅我国台湾产的象鼻虫就至少有141种。大多数种类都有翅,体长0.1~10厘米,其中"鼻子"占了身体的一半。看到这类昆虫令人不由得想起大象的长鼻子,因为它们的口吻很长,所以这类昆虫被人们称为象鼻虫。不过可别把长形的口吻当成象鼻虫的鼻子,何况生于末端的也不是鼻子,而是它们用以嚼食物的口器。

萤火虫还有哪些名字?

　　萤火虫又名夜光、景天,属鞘翅目萤科,是一种小型甲虫,因其尾部能发光,故名为萤火虫。这种尾部能发光的昆虫,约有近2000种,我国较常见的有黑萤、姬红萤、窗胸萤等。

▶萤火虫

萤火虫是如何发光的？

萤火虫的发光是生物发光的一种。萤火虫的发光原理是：萤火虫有专门的发光细胞，在发光细胞中有两类化学物质，一类被称为荧光素，另一类被称为荧光素酶。荧光素能在荧光素酶的催化下消耗ATP，并与氧气发生反应，反应中产生激发态的氧化荧光素，当氧化荧光素从激发态回到基态时会释放出光子。反应中释放的能量几乎全部以光的形式释放，只有极少部分以热的形式释放，反应效率为95%，成虫也因此而不会过热灼伤。人类到目前为止还没办法制造出如此高效的光源。

▶萤火虫为夜空增添了无限魅力

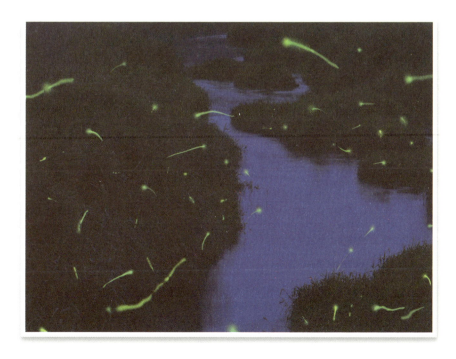

金花虫是一种什么样的昆虫?

　　金花虫是一群中、小型的甲虫，体长1~16毫米。主要分辨特征在于跗节节数，其跗节共有五节，但第四节通常退化而紧紧联结在第五节基部，因此可见跗节为四节。天牛也具有这个特征，而且有些金花虫外形与天牛非常相像，但天牛触角较长，且复眼内缘凹陷，可以作为辨别特征。此外，有些瓢虫长得像金花虫，但其跗节只有三节，所以很容易辨别。还有一些拟步行虫也很像金花虫，但它们的跗节可以清楚看到五节，因此也是很容易判定的。

　　金花虫是完全变态昆虫，生活史可分为卵、幼虫、蛹、成虫等四个阶段。台湾金花虫皆为植食性，大部分成虫均以特定植物为食，幼虫生活环境与食草多半与成虫相同。

瓢虫会游泳吗?

　　很少有人知道，瓢虫还是个游泳和潜水能手。有人做过这样一个实验：把一只瓢虫投放于洗脸盆中，这只瓢虫不仅能在水面上游泳，还能潜入水中自由行走。这个实验反复进行了多次，共计20分钟，最后瓢虫爬上洗脸盆边沿，在阳光下打开鞘翅晒干后飞走了。

▶瓢虫

瓢虫能活多久？

瓢虫幼虫的生活单调乏味，它们每天游弋在花草之间，疯狂地捕食蚜虫。瓢虫的生命非常短暂，从卵生长到成虫时期只需要大约一个月的时间，所以无论什么时候，我们都可以在花园里同时发现瓢虫的卵、幼虫和成虫。

▶一只即将死去的瓢虫

瓢虫"换装"是怎么回事？

瓢虫的幼虫胃口会随着成长而越来越大，圆圆的身体，鞘翅光滑，通常黑色的鞘翅上有斑纹，身体也在不断增长，它们必须挣脱旧皮肤的束缚，开始一个艰辛的历程——蜕皮。这个过程并不像我们脱掉旧衣服，再换一件大号外套那么简单。瓢虫一生之中要经历五六次蜕皮，每次蜕皮后，身体都会继续增长，直到积蓄足够的能量步入虫蛹阶段。

▶正在捕食害虫的瓢虫

瓢虫化蛹是怎么回事？

化蛹是每一只瓢虫成长过程中都要经历的事情，当瓢虫准备化蛹时，它会先找一个安全的地方，把自己悬挂着附在叶面下，然后开始经历惊心动魄的转变。

它会从一个身体娇柔的幼虫变成体质强壮的成年瓢虫。这是一个令人难以想象的过程，幼虫的身体将被分解，然后重新组合、调整，再加以修饰装扮，这一切都是为了迎接它崭新的生命。

当它最后破蛹而出变为一只新的成年瓢虫时，还要经历一些转变，因为此时它的身体仍旧柔软娇嫩，尚未完全发育成熟，它必须暴露在阳光下，吸取养分，使它的体色慢慢加深，斑纹逐渐显露出来，几个小时后，它就会变得和花园中其他成年瓢虫一模一样了。

瓢虫有哪几类？

瓢虫为一种昆虫，瓢虫的"星"不同种类也不同。瓢虫分益虫和害虫，益虫如二星瓢虫、六星瓢虫、七星瓢虫、十二星瓢虫、十三星瓢虫、赤星瓢虫、大红瓢虫等，害虫如十一星瓢虫、二十八星瓢虫。在这当中大家最熟悉的就是七星瓢虫了，根据名字可以知道，这种小益虫的甲壳上有七颗"星"分布。

▶ 七星瓢虫形象特写

七星瓢虫有什么秘密武器？

七星瓢虫有较强的自卫能力，虽然身体只有黄豆那么大，但许多强敌都对它无可奈何。它三对细脚的关节上有一种"化学武器"，当遇到敌害侵袭时，它的脚关节能分泌出一种极难闻的黄色液体，使敌人因受不了而仓皇退却、逃走。它还有一套装死的本领，当遇到强敌和危险时，会立即从树上落到地上，把3对细脚收缩在肚子底下装死，瞒过敌人而求生。

你知道叩头虫吗？

叩头虫属于鞘翅目叩甲科，它们的种类很多，全世界已经发现的就达8000多种，在我国已知约有600种。它头尖身狭，长3～4厘米，乍一看并没有什么奇特的地方，然而当你将它捉在手中，古怪的事情就发生了。只见它先弯下前胸，将头部垂下，然后又突然挺直胸脯、头部扬起，同时发出"咔咔"的声音，如此反复进行，就好像在不停地叩头。只要你不放过它，它便会一直"叩头"下去，样子滑稽，让人忍俊不禁，所以这个小家伙就得了个"叩头虫"的名号。

▶黑叩头虫

叩头虫是益虫吗?

叩头虫成虫、幼虫多为植食性、腐食性、木食性,少数为肉食性,其中有一些是牧草、蔬菜、果树的重要害虫。叩头虫不断叩头的动作,是它逃跑的一种形式,是躲避危险和越过障碍的本能反应。叩头虫还会以叩"响头"的方式进行信息传递,吸引异性。

你知道隐翅虫吗?

隐翅虫,又被大家形象地叫作"影子虫",因翅膀不可见得名,属昆虫纲鞘翅目隐翅虫科。自然界中的隐翅虫约有250多种,其中毒隐翅虫因体内有毒液而对人有威胁。

▶ 隐翅虫

毒隐翅虫有何讨厌之处?

毒隐翅虫,又被称为"青腰虫",身长0.6~0.8厘米,类似飞蚂蚁,停下时尾部上下扭动,翅膀收回。此虫具有趋光性,白天栖息在杂草石下,夜间出来活动,夏秋两季最常见,喜欢围绕日光灯等飞行。虫体外没有毒腺,不会螫人,但是体内有强酸性毒液,在被打死后毒液会流出来。

隐翅虫的毒液会引起急性皮肤炎症,痊愈后伤口颜色与周围皮肤会有差异。所以,隐翅虫是人们很讨厌的一类昆虫。

"黄守瓜"的名字是怎么来的?

"黄守瓜"体长卵形,后部略膨大,体长6~8毫米。成虫体橙黄或橙红色,有时较深。上唇或多或少带些栗黑色。腹面后胸和腹部黑色,尾节大部分橙黄色。"黄守瓜"是瓜类蔬菜重要害虫之一。成虫除了冬季

▶西瓜田是黄守瓜聚集的地方

外,生活在平地至低海拔地区,在郊外丝瓜、黄瓜、胡瓜等农田中极为常见。成虫会啃食瓜类作物的嫩叶与花朵,危害颇为严重。因为其常见的黄色体色与啃食瓜类蔬菜的习性,所以人们叫它"黄守瓜"。

你知道黄守瓜的"同党"吗?

▶黄守瓜

除黄守瓜外,另两种啃食瓜类蔬菜的甲虫为黄足黑守瓜和黑足黑守瓜。黄守瓜分布于河南、陕西,以及华东、华南、西南等地,在长江流域以南地区为害最烈;黄足黑守瓜主要分布在长江流域以南各省;黑足黑守瓜在陕西、甘肃等省均有分布。它们可以说是恶习相同的同党了。

独角仙可以作为药材吗？

独角仙除可做观赏外，还可入药治疗疾病。但只有雄虫才可以入药，夏季捕捉，用开水烫死后晾干或烘干备用。中药名独角螂虫，有镇惊、破淤止痛、攻毒及通便等功能。

▶ 独角仙除可做观赏外，还可入药

力气最大的甲虫是谁？

昆虫世界从来都不缺少大力士，如果在它们当中选择一个最有力气的，那么食粪金龟可能就要排名第一了。它体长仅十几毫米，但能拉动质量为其体重1141倍的重物，相当于一般人提起两辆满载货物的18轮大卡车，或者说70千克重的人提起80吨重物。它的力量比已知的最强昆虫犀金龟大1/3，比蚂蚁大几百倍。

▶ 独角仙可以举起比它们体重重 800 倍的物体

虎甲是一种怎样的昆虫？

虎甲体呈金绿色、赤铜色或灰色，并带有黄色的斑纹。头宽大，复眼突出。有三对细长的胸足，行动敏捷而灵活。虎甲也是肉食性，常在山区道路或沙地上活动低飞捕食小虫。有时静息路面，当人们步行在路上时，虎甲总是在行人前面三五米，头朝行人。当行人向它走近时，它又低飞后退，仍头朝行人，好像在跟人们闹着玩。因它总是挡在行人前面，故有"拦路虎"之称。

虎甲成虫长得虽很漂亮，但它的幼虫——骆驼虫却十分丑陋。而骆驼虫奇特的自卫方法却能让我们旱地钓"鱼"，戏弄虎甲。原来骆驼虫受到了攻击，它就进行自卫，人们就是利用它这种自卫方式来钓它出来的，当人将草秆伸进洞里时，骆驼虫就用一对上颚咬住草秆，这时只要你快速将草秆拔出，就能把骆驼虫拉出来。

小骆驼虫还有自己的捕食方法，知道只靠自投罗网的猎物没有保证，便想出办法来引诱小动物。它轻轻摆动露在洞口的上颚和触角，模仿小草摆动的姿态，以此吸引小动物上钩。这种方法固然能收到猎食的效果，但有时也会暴露自己，引来天敌，有时反被吃掉。

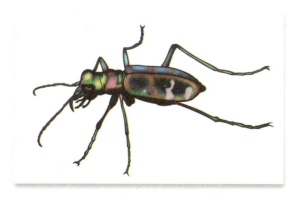

▶ 虎甲

你知道阎甲是什么吗?

阎甲是对鞘翅目阎虫总科阎甲科的统称。全世界约有3000种，我国有38种。阎甲体坚硬，表面光滑，有椭圆形、圆筒形等，多为黑色，或有黄褐或红色斑纹。头形小，大部分常被前胸背板前缘围绕。多数种类栖息于沙质地和海岸，有的在枯木树皮下其他蛀木甲虫的穿孔中生活，有的在蚂蚁和白蚁巢中营共栖生活，也有的在啮齿类的洞中生活。

▶ 阎甲

part 3

蝶和蛾家族

蝶和蛾有什么特点？

昆虫鳞翅目是昆虫纲中第二大目，由于身体和翅膀上有大量鳞片而得名。

蝴蝶是一类日间活动的鳞翅目昆虫，通常可以从它们明亮的色彩和棒状的触角，以及它们休息的方式——四翅合拢竖立于背上来辨别。蝴蝶的后翅基部宽大而有力，在飞行时支持并连接着前翅。

蛾类是鳞翅目中种类最多的类群，占到鳞翅目种类的9/10左右。蛾类的外观变化很多，难以做一般描述。大多数蛾类夜间活动，体色黯淡，也有一些白天活动，色彩鲜艳的种类。不过，蛾类触角和蝴蝶的有所区别——它们没有棒状的触角末端，而是呈现丝状、羽毛状等其他样式。另外大多数蛾类的前后翅是依靠一些特殊连接结构来完成飞行的，翅膀连接、翅缰和翅轭的存在，使得蛾类和蝴蝶有了更多的区别方式。蛾类同样是完全变态昆虫，由于幼虫的寄主很多是人类的食物来源，蛾类也就成了和人类关系更为密切的昆虫类群。

 成群栖息的蝴蝶

蝴蝶的身体构造是怎样的？

蝴蝶的身体分为头、胸、腹3个部分，2对翅，3对足。在头部有一对触角，触角端部加粗，翅宽大，停歇时翅竖立于背上。最大的是澳大利亚的一种蝴蝶，展翅可达26厘米；最小的是灰蝶，展翅只有15毫米。蝶类触角为棒形，触角端部各节粗壮，呈棒槌状。口器是下口式，足是步行足，翅是鳞翅，属于全变态。体和翅被扁平的鳞状毛覆盖。腹部瘦长。

蝴蝶触角的主要作用是什么？

蝴蝶的触角长在前额上方、复眼内侧，布满了感觉器官，主要负责平衡及嗅觉，触角由柄节、梗节和鞭节组成。柄节呈圆球状，嵌在头内触角窝里，可转动；梗节呈棒状；鞭节末端膨大呈球状或钩状。不同蝴蝶的触角长度、末端形状、基部距离亦有异，是蝴蝶分类的一个重要特征。

蝴蝶的翅膀是什么样子的？

蝴蝶有前翅和后翅各一对，翅膀上布满了翅脉和鳞片。翅脉排列的方式称为"脉相"。蝴蝶前翅一般有15条翅脉，后翅则有10条，翅脉间的区域叫翅室。脉相的结构和鳞片的色彩斑纹是区分蝴蝶种类的重要依据。

▶花朵上合起翅膀的蝴蝶

蝴蝶也长着和鱼一样的鳞片吗?

蝴蝶也有鳞,但是不要以为它们的鳞和我们常见的鱼类的鳞片一样。区分不同蝴蝶的依据主要是翅膀上不同的鳞片,它们五彩缤纷的翅膀就是由无数极细小的鳞片组成。这些鳞片一般含有反射黑色和棕色的黑色素,而蓝色、绿色、红色等其他颜色一般是由鳞片的微观结构造成,其光子晶体的性质经过光的散射出现不同的颜色。

▶ 蝴蝶美丽的翅膀

蝴蝶翅膀上的鳞片不仅能使蝴蝶艳丽无比,还像是蝴蝶的一件雨衣。因为蝴蝶翅膀的鳞片里含有丰富的脂肪,能把蝴蝶保护起来,所以即使下小雨时,蝴蝶也能飞行。

蝶类以什么为食?

蝶类成虫吸食花蜜或腐败液体。大多数幼虫为植食性,以杂草或野生植物为食。少部分种类的幼虫因取食农作物而成为害虫,还有极少种类的幼虫因吃蚜虫而成为益虫。

谁是蝴蝶家族的天敌？

谁才是蝴蝶家族的天敌呢？其实那些以昆虫为食的所有动物都是蝴蝶的天敌。青蛙、蜥蜴、螳螂等就常趁蝴蝶在访花或睡觉时捕捉它们，鸟类、蜘蛛等也会捕捉飞行中的蝴蝶，蚂蚁则常捕食蝴蝶幼虫。

▶ 蝴蝶的天敌之一——蜥蜴

蝴蝶家族竟然有"酒鬼"？

蝴蝶中也有"酒鬼"。成熟的果子落到地面上，会慢慢发酵产生酒味。那些好酒的蝴蝶便远道寻味而来。如果捕蝶人带了浸过酒的布条，将它们挂在树枝上，就会引得树林里的蝴蝶翩翩飞来，聚集在酒布上过瘾，这时捕蝶人就可以获得一个大丰收。

蝴蝶能活多久？

蝴蝶的寿命长短不一，寿命长的可达11个月，寿命短的只有2~3个星期。在这段时期内，雄蝶忙着寻觅雌蝶交尾，雌蝶找寻寄主产卵，活动频繁，因此必须向自然界充分摄取养料，才能顺利完成它们传宗接代的神圣使命。

你知道透翅蝶的隐身术吗？

透翅蝶，从名称就一目了然其特征，但它并不是唯一拥有透明翅膀的蝴蝶。在同科之中，另有几个种类的蝴蝶，同样有着透明的翅膀。透翅蝶主要分布在中、南美洲的巴拿马到墨西哥之间，翅膀薄膜上没有色彩也没有鳞片，这是造物者送给透翅蝶的"隐身术"，它可以轻易"消失"在森林里，而不被敌人轻易察觉它的存在。

▶ 透翅蝶

你知道地球上唯一的迁徙性蝴蝶吗？

黑脉金斑蝶是地球上唯一具有迁徙性的蝴蝶。在北美洲，黑脉金斑蝶会于8月至初霜向南迁徙，并于春天向北回归。在澳大利亚，黑脉金斑蝶会做有限度的迁徙。雌蝶会在迁徙时产卵。到了10月，落基山脉的群族会迁徙到墨西哥米却肯州的神殿内，西部的群族会在美国加利福尼亚州南部过冬。

▶ 黑脉金斑蝶是唯一具有迁徙性的蝴蝶

黑脉金斑蝶怕被鸟类捕食吗？

黑脉金斑蝶因幼虫时取食马利筋吸收了卡烯内酯（对心脏有毒害作用）而令捕食者望而生畏。它们经常飞行缓慢，遇到干扰也不逃离，而是有意显示它们的存在。一只初出茅庐的小鸟可能会捕食黑脉金斑蝶，但很快就会明

▶ 一般蝴蝶经常成为飞鸟的大餐

白黑脉金斑蝶是不可食的。随后把这种蝴蝶的不快味道与其醒目的颜色联系起来，一旦遇到类似的蝴蝶就不再捕食。

稻眼蝶为什么在日本受宠？

稻眼蝶是一种水稻常见虫害，在我国河南、陕西以南，四川、云南以东各省均有分布。稻眼蝶蛹长15～17毫米，开始时是绿色，后变灰褐色。成虫体长15～17毫米，翅展47毫米，翅面暗褐至黑褐色，背面灰黄色。其幼虫毛毛虫因为长了张类似Hello Kitty的脸，让其在日本大为受宠。

▶ 稻眼蝶

光明女神闪蝶到底有多美?

光明女神闪蝶（海伦娜闪蝶）是秘鲁国蝶，是世界上最美丽的蝴蝶。其前翅两端的蓝色有深蓝、湛蓝、浅蓝层次的变化，整个翅面犹如蓝色的天空镶嵌一串亮丽的光环，给人间带来光明。它的形状、颜色都无与伦比、无可挑剔。

▶ 光明女神闪蝶

光明女神闪蝶主要生活在南美的秘鲁亚马孙河流域，如今基本绝迹。

皇蛾阴阳蝶到底有多稀有?

皇蛾阴阳蝶是蝴蝶里最稀少的一种，在一千万只蝴蝶中才能发现一只。它的双翅的形状、色彩和大小各不相同，由于两翅形状不同，皇蛾阴阳蝶无法飞行，生命只有6天。

▶ 阴阳蝶

"飞蛾扑火"是怎么回事?

科学家经过长期观察和实验,发现飞蛾等昆虫在夜间飞行活动时,是依靠月光来判定方向的。飞蛾总是让月光从一个方向投射到它的眼里。飞蛾在逃避蝙蝠的追逐,或者绕过障碍物转弯以后,它只要再转一个弯,月光仍将从原先的方向射来,它也就找到了方向,这是一种"天文导航"。

飞蛾看到灯光,错误地认为是"月光"。因此,它也用这个假"月光"来辨别方向。月亮距离地球遥远得很,飞蛾只要保持同月亮的固定角度,就可以使自己朝一定的方向飞行。可是,灯光距离飞蛾很近,飞蛾按本能仍然使自己同光源保持着固定的角度,于是只能绕着灯光打转转,直到最后筋疲力尽而死去。

▶蝙蝠是飞蛾的最大威胁之一

谁才是蛾类中的巨无霸？

乌桕大蚕蛾是鳞翅目大蚕蛾科的一种大型蛾类，也是世界最大的蛾类，翅展可达180～210毫米。雄蛾的触角呈羽状，而雌蛾的翅膀形状较为宽圆，腹部较肥胖。其翅面呈红褐色，前后翅的中央各有一个三角形无鳞粉的透明区域，周围有黑色带纹环绕，前翅先端整个区域向外明显地突伸，像是蛇头，呈鲜艳的黄色，上缘有一枚黑色圆斑，宛如蛇眼，有恫吓天敌的作用，因此又叫蛇头蛾。这种蛾类十分珍贵，数量稀少，属于受保护的种类。

▶一只停落在叶上的蛾

乌桕大蚕蛾成虫寿命有多短？

乌桕大蚕蛾因体型巨大被称为皇蛾，皇蛾的身体有毛，与其翅膀相比显得非常细小。皇蛾根据地理及亚种的分别而有着不同的体纹及颜色。雄性皇蛾的体型及翅膀均较雌性为小，然而其触须却比雌性皇蛾更为宽阔及稠密。成虫后的皇蛾口部器官会脱落，因此不能进食，它们仅靠幼虫时代吸取在体内的剩余脂肪维持生命，1~2个星期后便会死去。

part 4

蚂蚁、胡蜂、蜜蜂家族

蚂蚁是一种什么样的动物?

蚂蚁是一种社会性的昆虫,属于膜翅目,蚂蚁的触角呈明显的膝状弯曲,腹部第1、2节呈结节状,一般都没有翅膀,只有雄蚁和没有生育的雌蚁在交配时有翅膀,雌蚁交配后翅膀即脱落。蚂蚁是完全变态型的昆虫,要经过卵、幼虫、蛹阶段才发展成成虫。蚂蚁的幼虫阶段没有任何生存能力,它们也不需要觅食,完全由工蚁喂养。工蚁刚发展为成虫的头几天,负责照顾蚁后和幼虫,然后逐渐地开始做挖洞、搜集食物等较复杂的工作,有的种类蚂蚁工蚁有不同的体型,个头大的头和牙也发育得大,经常负责战斗,保卫蚁巢,也叫兵蚁。

蚂蚁家族都有哪些角色？

1.蚁后

有生殖能力的雌性，或称母蚁，又称蚁王，在群体中体型最大，特别是腹部大，生殖器官发达，触角短，胸足小，有翅、脱翅或无翅。主要职责是产卵、繁殖后代和统管这个群体大家庭。

2.雌蚁

交尾后有生殖能力的雌性，交尾后脱翅成为新的蚁后，俗称"公主"或"天使"。

3.雄蚁

雄蚁又称父蚁。头圆小，上颚不发达，触角细长。有发达的生殖器官和外生殖器，主要职能是与蚁后交配，俗称"王子"。

4.工蚁

工蚁又称职蚁。无翅，是不发育的雌性，一般为群体中最小的个体，但数量最多。复眼小，单眼极微小或无。上颚、触角和三对足都很发达，善于步行奔走。工蚁没有生殖能力，其主要职责是建造和扩大巢穴、采集食物、饲喂幼虫及蚁后等。

5.兵蚁

兵蚁是对某些蚂蚁种类的大工蚁的俗称，是没有生殖能力的雌蚁。头大，上颚发达，可以粉碎坚硬食物，在保卫群体时即成为战斗的武器。

▶ 蚂蚁是一种很团结的动物

蚂蚁可以活多久？

每一个生命都有生命终结的那一刻，在昆虫界，身材渺小的蚂蚁能活多久呢？其实不要看蚂蚁貌不惊人，蚂蚁的寿命很长。比如，工蚁可生存几星期或者3~7年，蚁后则可存活十几年，甚至几十年。一个蚁巢在一个地方可生长1~10年之久。

▶别看蚂蚁身材渺小，它们可是十足的大力士

▶ 成群的行军蚁

行军蚁的名字是怎么来的？

　　行军蚁集体去捕食猎物的时候，出发时会排成密集及规则的纵队，而有些行军蚁采取广阔的横队队形前进。它们一离开宿营地，就分支再分支，包抄并围攻猎取对象。所有的软体昆虫和行动迟缓的昆虫，都会成为它们的口中物。它们将猎物撕咬成碎片，以便携带，然后再以行军的队形前进。主力部队前进时，前卫线上和两翼是长着巨颚的兵蚁，中间是工蚁。大军前进时如汹涌的潮水，有人看见过15米宽的行军蚁队列，猎物立即会被淹没掉。

行军蚁对人类的危害有多大？

　　行军蚁的唾液有毒，可以轻易地麻痹人类，破坏突触和脊髓，然而毒液并不会致命。它们围捕猎物时，通常不等猎物死亡，就开始吞咽猎物，猎物在受到袭击2分钟内就血肉模糊，因严重感染而死。行军蚁是世界上最可怕的蚂蚁，也是迄今为止造成死亡事件最多的蚂蚁。

　　行军蚁个性凶残，一旦人类侵入了它们的领地，这种蚂蚁将让人类付出巨大代价，它比水虎鱼还要危险，造成的杀人事件比河马还多，每年都会有约400名不幸的人死于它们的啃食。

▶ 行军蚁

▶ 蘑菇是最常见的真菌

真菌对切叶蚁有什么重要意义？

真菌对切叶蚁具有非常重要的意义，可以说是它们的救命草，因此它们十分注意呵护、培育真菌。切叶蚁用昆虫的尸体或植物残渣之类的有机物质培育真菌。它们把真菌悬挂在洞穴的顶上，并用毛虫的粪便来"施肥"。切叶蚁对于真菌园的管理十分认真，特别是那些专门担任警卫工作的兵蚁，简直不敢离开寸步，生怕外来蚁入室偷窃。一旦发现不速之客，它们个个勇猛异常，与入侵者展开殊死搏斗。

▶ 木材经常成为白蚁的寄生地与食物

白蚁和普通蚂蚁有什么不同？

　　白蚁与蚂蚁虽一般同称为蚁，但白蚁属于较低级的半变态昆虫，蚂蚁则属于较高级的全变态昆虫。根据化石判断，白蚁可能是由古直翅目昆虫发展而来，最早出现于2亿年前的二叠纪。白蚁的形态特征与蚂蚁有明显的不同。白蚁体软而小，通常长而圆，白色、淡黄色、赤褐色直至黑褐色。头前口式或下口式，能自由活动。触角念珠状，腹基粗壮，前后翅等长；蚂蚁触角膝状，腹基瘦细，前翅大于后翅。白蚁分布于热带和亚热带地区，以木材或纤维素为食。白蚁是一种多形态、群居性而又有严格分工的昆虫，群体组织一旦遭到破坏，就很难继续生存。

白蚁家族分布在哪里？

　　白蚁遍布于除南极洲外的六大洲，其主要分布在以赤道为中心，南、北纬度45°之间。全世界已知白蚁种类有3000余种，据美国科学家的电脑模拟分析，全球白蚁资源数量人均约占有0.5吨，而以白蚁的个体重量为1克计算，人类拥有的白蚁个体数人均约有50余万只，这是一个令人震惊的数字，但事实确实如此。

"千里之堤，溃于蚁穴"是怎么回事？

　　白蚁危害江河堤防的严重性在我国古代文献上已有较为详细的记载，近代的记载更为详尽。其种类有土白蚁属、大白蚁属和家白蚁属。它们在堤坝内密集营巢，迅速繁殖，蚁道四通八达，有些蚁道甚至穿通堤坝的内外坡，当汛期水位升高时，这些

▶ 再坚固的堤坝也禁不起白蚁的折腾

堤坝常常出现管漏险情，更烈者则酿成塌堤垮坝的严重后果。

你听说过黄腰虎头蜂吗?

黄腰虎头蜂体长25~30毫米，体长形，胸背板黑色，侧肩褐色，腹部前半鲜黄色，后半黑色，翅狭长，褐色或透明。本属10种，本种又称大褐胡蜂，同种异名，为群居性的虎头蜂，分布于平地至低、中海拔山区之树丛，常在住家屋檐下筑巢。捕食性，常见于树木上飞行寻找猎物，以蜘蛛、鳞翅目幼虫、小型昆虫为食。蜂巢圆形，以树叶、泥土和工蜂的分泌物组合，封闭式，外有一出入口，秋天巢最大，到了冬天所有蜂家族成员自然死亡，仅剩蜂王和卵越冬。

▶勤劳的蜜蜂

被胡蜂蜇伤了怎么办?

1.轻度蜇伤

胡蜂毒是碱性的,所以应该立即用酸性水冲洗。

2.中度蜇伤

立即用手挤压被蜇伤部位,挤出毒液,这样可以大大减少红肿和过敏反应。或者,立即用食醋等弱酸性液体洗敷被蜇处,伤口近心端

▶ 胡蜂蜇伤除了自我消毒,要尽快就医

结扎止血带,每隔15分钟放松一次,结扎时间不宜超过2小时,尽快到医院就诊。

什么是食甲虫蜂?

食甲虫蜂是很凶猛的一种胡蜂,它能斗过很多种甲虫,因此就引起了不少人的注意。只要有一只可食的甲虫进入它的攻击范围,这种蜂就会立刻追上把它抓住,摔倒在地,并拖住触角不放。而甲虫只好拼命搏斗、抵抗和挣扎。在厮杀中,甲虫一旦翻转身体,这种蜂就趁机把毒刺准确地刺入其胸膛的一定部位,因为这里有支配躯体运动肌的神经末梢。食甲虫蜂像熟练的外科医生,每次都能保证手术成功。甲虫失去了活动能力,陷入了瘫痪状态,但没有死。于是,这种胡蜂就把甲虫拽入洞穴。这种胡蜂的幼虫十分喜食美味的甲虫,它首先把甲虫身上的柔软部分吃掉,然后再一点点吃掉其他部分。

蜜蜂的蜂巢为何是六边形的？

蜂巢如果呈圆形或八边形，会出现空隙；如果是三角形或四边形，则面积会减小，在这些形状中六边形是最好的。这种六边形排列而成的结构叫作蜂窝结构。因这种结构非常坚固，故被应用于飞机的羽翼及人造卫星的机壁制造。

蜂巢内外面的巢穴刚好一半相互错开，相互组合六边形的边交叉的点是内侧六边形的中心，这是为了提高强度，防止巢房底破裂。另外，从剖面图可知，两面的巢房方向都是朝上的，工蜂在巢房中哺育幼虫、贮藏蜂蜜和花粉，蜂巢形成9°～14°的角度，可防止蜂蜜流出。

▶ 蜂巢内壁

蜂巢的结构真是让人吃惊，可以说是自然界的鬼斧神工。

蜜蜂究竟能飞多快？

蜜蜂的飞行时速为20～40千米，高度1千米以内，有效活动范围在离巢2.5千米以内。所有的蜜蜂都以花粉和花蜜为食，采集花蜜是一项十分辛苦的工作，蜜蜂采集1100～1446朵花才能获得1蜜囊花蜜。在流蜜期间，1只蜜蜂平均每日采集10次蜜，每次载蜜量平均为其体重的一半，一生只能为人类提供0.6克蜂蜜。花蜜被蜜蜂吸进蜜囊的同时即混入了上颚腺的分泌物——转化酶，蔗糖的转化就从此开始，经反复酿制蜜汁并不停地扇风来蒸发水分，加速转化和浓缩直至蜂蜜完全成熟为止。

蜜蜂都吃些什么?

蜜蜂以植物的花粉和花蜜为食。按食性可分为三类。

1.多食性

在不同科的植物上或从一定颜色的花上(不限植物种类)采食花粉和花蜜，如意蜂和中蜂。

2.寡食性

从近缘科、属的植物花上采食，如苜蓿准蜂。

3.单食性

仅从某一种植物或近缘种上采食，如矢车菊花地蜂。

各种类蜜蜂采食的花朵与口器的长短有密切关系，如隧蜂科、地蜂科、分舌蜂科等口器较短的种类采食蔷薇科、十字花科、伞形科、毛茛科开放的花朵。

▶在古埃及，蜂蜜除了食用外，还能用于防腐

蜂群里能不能缺少工蜂？

　　工蜂的任务主要是采集食物、哺育幼虫、泌蜡造脾、泌浆清巢、建造蜂巢、保巢攻敌等。蜂巢内的各种工作基本上都是工蜂来做，工蜂与蜂王一样也是由受精卵发育成的。哺育工蜂对工蜂幼虫的照料不如对蜂王幼虫那样周到，仅在孵化后的头3天内饲喂蜂王浆，而自第4天起就只饲喂蜜粉混合饲料。这种饲料的营养不如蜂王浆高，而且缺乏促进卵巢发育的生物激素，因此，工蜂的生殖器官发育受到抑制，直到羽化为成蜂，其卵巢内仅有数条卵巢管，失去了正常的生殖功能。所以，它们是发育不完全的雌性蜂。

　　工蜂的寿命一般是30~60天。在北方的越冬期，工蜂较少活动，没有参加哺育幼虫的越冬蜂可以活到5~6个月。每群的工蜂量决定蜂群的兴盛。

▶ 忙碌工作的蜜蜂

part 5

蝇家族

蝇是一种怎样的昆虫？

双翅目包括蚊、蠓、蚋、虻、蝇等，是昆虫纲中较大的目。由于成虫前翅为膜质，后翅退化成"平衡棒"而得名。双翅目分为长角、短角和环裂3个亚目。长角亚目的触角在6节以上，包括蚊、蠓、蚋，是比较低等的类群；短角亚目触角在5节以下，一般3节，通称

▶苍蝇

"虻"；环裂亚目就是我们通称的"蝇"。

蝇为完全变态昆虫。生活史有卵、幼虫、蛹和成虫4期。多数种类产卵，有些种类（如狂蝇、舌蝇、多数麻蝇等）直接产幼虫。

卵为香蕉形，长约1毫米，乳白色，常数十至数百粒堆积成块。在夏季，卵产出后1天即可孵化。

幼虫除少数体扁和节上有棘状突外，多数为圆柱形，前尖后钝。无足无眼，多呈乳白色。幼虫在滋生场所经2次蜕皮发育为成熟的Ⅲ龄幼虫后，即爬到孳生物周围疏松的土层内，虫体缩短，表皮变硬而化蛹。在夏秋季，家蝇幼虫期为4～7天。

蝇能活多久？

雌蝇要比雄蝇活得久，其寿命为30～60天。在实验室条件下，可长达112天。在低温的越冬条件下，蝇可生活半年之久。

一只蝇在盛夏季节可存活1个月左右。但在温度较低的情况下，它的寿命可延长2～3个月，低于10℃时几乎不能进行活动，寿命更长些。普通的蝇的成虫寿命是15～25天，如果连它的幼虫期和蛹期都包括在内，它的寿命则是25～70天。

蝇的"嗡嗡"声是从哪发出的？

蝇翅膀底下有一个淡黄色的椭圆形的薄膜，蝇胸部和尾部由一根小棒连接，当蝇运动时，小棒就开始挥动，力量越猛，幅度越大，速度越快，击打薄膜时发出的"嗡嗡"声就越响，而扇动翅膀只是辅助发音。有兴趣可以捉一只蝇，抓住它的翅膀，你会发现它一样可以发声！

▶ 蝇

蝇为何被称为"飞行高手"？

蝇在飞行上之所以有几手绝招，是因为它有个平衡棒起着重要作用。平衡棒可以调节前翅的运动，保持蝇体的紧张性，使蝇能腾空一跃而直接起飞；它能控制蝇体的平衡，还能校正蝇体的倾斜和偏离航向。蝇飞行时，平衡棒以一定的频率不停地振动着。假如把平衡棒切掉，蝇就会东冲西撞。可见，平衡棒是蝇天然的"振动陀螺仪"，起着导航作用。

蝇能传播哪些疾病？

非吸血蝇类通过其体内外携带病原体及其特有的食性，将病原体传播扩散。蝇可传播痢疾、霍乱、伤寒、副伤寒、脊髓灰质炎、肝炎、肠道原虫病、肠道蠕虫病、结核病、细菌性皮炎、沙眼和结膜炎等。吸血蝇类可实验传播脊髓灰质炎、炭疽、螺旋体病及皮肤利什曼病等。

胃肠蝇蛆病通常因人误食被蝇卵或幼虫污染的食物或饮水，或蝇在肛门附近产卵，或幼虫进入肠内所致。患者可有恶心、呕吐、腹痛、腹泻和食欲不振等症状。

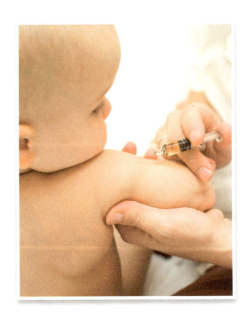

▶ 结核病是一种可怕的疾病，蝇就是该病的一种传染源，图为婴儿在注射结核病疫苗

蝇的天敌有哪些?

蝇的天敌有三类:

一是捕食性天敌,包括青蛙、蜻蜓、蜘蛛、螳螂、蚂蚁、蜥蜴、壁虎、食虫虻和鸟类等。鸡粪是家蝇和厩蝇的孳生物,但其中常存在生性凶残的巨螯螨和蠼螋,会捕食粪类中的蝇卵和蝇蛆。

二是寄生天敌,如姬蜂、小蜂等寄生蜂类,它们往往将卵产在蝇蛆或蛹体内,孵出幼虫后便取食蝇蛆和蝇蛹。有人发现,春季挖出的麻蝇蛹体60.4%被寄生蜂侵害而夭亡。

三是微生物天敌,日本学者发现森田芽孢杆菌可以抑制蝇滋生,我国学者也发现蝇单枝虫霉菌同样可以让蝇失去生育能力。

▶蝇类的天敌、人类的好朋友——青蛙

蝇把脚搓来搓去是为了什么？

蝇特别爱吃味道比较重的，如糖和油炸的食物。蝇没有鼻子，但是它有另外的味觉器官，并且还不在头上或脸上，而是在脚上。只要它飞到了食物上，就先用脚上的味觉器官去品一品食物的味道如何，然后再用嘴去吃。因为蝇很贪吃，又喜欢到处飞，所以见到任何食物都要去尝一尝，如此一来，蝇的脚上就会沾有很多的食物，既不利于蝇飞行，又阻碍了它的味觉。所以，蝇把脚搓来搓去，是为了把脚上粘的食物搓掉。

▶ 油炸食物很容易吸引蝇

蝇的触角给人类什么启发？

蝇的嗅觉感受器分布在触角上，每个感受器是一个小腔，它与外界相通，含有感觉神经元的嗅觉杆突入其中。由于每个小腔内都有上百个神经元，所以这种感受器非常灵敏。用各种化学物质的蒸气刺激蝇的触角，从头部神经节引导生物电位时，可记录到不同气味的物质产生的电信号，并能测量出神经脉冲的振幅和频率。认识了蝇嗅觉器官的奥秘之后，科学家们得到了启发，他们利用蝇嗅觉灵敏、快速的特性，仿制成了十分灵敏的小型气体分析仪。这种仪器现已装置在航天飞船的座舱内，正为揭示宇宙的奥秘而工作。小型气体分析仪也可用来测量潜水艇和矿井里的有毒气体，以便及时发出警报。蝇嗅觉器官的功能原理，还可以用来改进计算机的输入装置，以及应用在气体色层分析中。

▶蝇嗅觉灵敏

你知道怎么区分蝇的雌雄吗？

首先，从它们的个体看，群体中个体较小的一般为雄性，个体较大的一般为雌性。其次，看它们的肚子，雄性苍蝇的肚子小而扁，雌性苍蝇的肚子大而圆。最后，看它们的屁股，雄性苍蝇的屁股是圆形的，雌性苍蝇的屁股是尖的。

大头金蝇长什么样？

大头金蝇复眼鲜红，雄性两眼前缘合生，额狭似线，复眼上部2/3的小眼面很大，下部1/3的小眼面很小，二者界限鲜明，在整个长度内约有小眼面25排。大头金蝇的雌性额宽与眼宽相等，间额宽为一侧额的2倍或更宽，颊和触角大部分呈橙黄色。雄性腹侧片和第二腹片大部具黑毛，雌性大部具黄毛。腋瓣深棕色，缘缨除上、下腋瓣交接处呈白色外，大部分灰色至黑色。

你了解丝光绿蝇的生活习性吗?

丝光绿蝇为住宅区附近及野外常见种。成虫活动范围极广,出入人群聚居之处,为半住区性蝇种。幼虫尸食性,主要孳生于腥臭腐败的物质如尸体、鱼、虾、垃圾等处,也能在猪粪及动物饲料内繁殖,成虫对腥臭的鱼肉最敏感。繁殖期很长,雌蝇喜欢在脓疮、伤口、腐败的动物尸体等处产卵。

▶鱼虾的腥味更容易吸引蝇类

你见过麻蝇吗?

麻蝇最长可达13毫米,为喜室外性居住区中型至大型蝇种。麻蝇不以眼间距宽狭分雄雌,而要观察尾部。雄性尾部有亮黑色或红色球状膨腹端,雌性则无。而体型较肥胖,两性胸背部有三条黑色纵纹,腹部背面有黑白相间的棋盘格斑,可随光线的变化而变色。

市蝇长什么样？

市蝇体长4～7毫米，较家蝇稍小。体色为浅灰。亦以复眼间的距离分雌雄，雌宽，雄狭。胸背面有两条黑色纵纹。雌性在盾沟前分出一对小叉，仅为主叉的一半长；雄性两条黑纵纹不分叉，腹部深棕色，腹背面正中有黑色纵纹，两侧有银灰色小斑点，呈纵状分布。

你听说过食蚜蝇吗？

食蚜蝇，成虫体小型到大型，体宽或纤细。体色单一暗色或常具黄、橙、灰白等鲜艳色彩的斑纹，某些种类则有蓝、绿、铜等金属色，外观似蜂，头部大。雄性眼合生，雌性眼离生，也有两性均离生。食蚜蝇卵一般产在蚜群中的为白色、长形，卵壳具网状饰纹。

▶ 食蚜蝇

食蚜蝇专门吃蚜虫吗？

食蚜蝇是常见的蚜虫天敌，以幼虫捕食蚜虫而著称。但实际上，还有不少食蚜蝇种类，它们的幼虫并不捕食蚜虫，而是植食性的，幼虫在植物体内取食植物的组织；或者是腐食性的，幼虫以腐败的有机物或禽畜粪便为食。即使捕食性食蚜蝇，也可以其他昆虫为食，如捕食鳞翅目的幼虫、叶蜂幼虫，甚至捕食其他的食蚜蝇幼虫。

如何区别食蚜蝇和蜂？

食蚜蝇成虫腹部多有黄、黑斑纹，不少种类有明显的拟态现象，往往被误认为是蜂。而蜂很强大，腹末有刺，不好惹，食蚜蝇像蜂，便能起到保护自己的作用。但如果我们仔细观察一番，并不难区分它们。食蚜蝇属于双翅目，即体上只有一对翅膀，而蜂类属膜翅目，体上有两对翅膀；食蚜蝇的触角短，而蜂类触角较长；食蚜蝇的后足纤细，而常见的蜜蜂等蜂类有比较宽阔的后足，用以收集花粉。对于熟悉食蚜蝇的人来说，即使在飞行中也可以看出它们与蜂类的不一样来：食蚜蝇在飞行时能较长时间悬定于空中某一点后突然飞到附近另一点，飞行动作平稳，而蜂类飞行时常常有轻微的左右摆动。

什么是蜂蝇？

蜂蝇，体型如蜜蜂，长约15毫米。身体黑褐色，全身被有金黄色绒毛。腹部有光泽，具橙黄色的横带纹。翅脉多波曲，以第三纵脉的波曲最深。雄蝇的复眼在头顶部，左右相近。雌蝇两眼远离，每一复眼的中部有一由绒毛形成的明显的纵带纹。头部触角的触角芒简单无分支，但基部分布短的细毛。幼虫身体圆筒形或椭圆形，具有似鼠尾样的长尾，尾长往往超过体长的数倍。

▶ 勤劳的小蜜蜂可能不知道，被人们讨厌的蜂蝇竟然也会模仿自己

part 6

蜻和其他昆虫家族

蝽是一种什么样的昆虫？

蝽，半翅目昆虫，也叫异翅目昆虫，是昆虫纲中的主要类群之一。半翅目昆虫的前翅在静止时覆盖在身体背面，后翅藏于其下。由于一些类群前翅基部骨化加厚，成为"半鞘翅状"而得名。体小至中型，体壁坚硬而体略扁平，刺吸式口器着生于头的前端，不用时贴放在头胸的腹面。前胸背板发达，中胸有发达的小盾片。前翅基半部革质或角质，称为半鞘翅，一般分为革区、爪区和腹区三部分，有的种类有楔区。很多种类胸部腹面常有臭腺，遇到敌害会喷射出挥发性臭液，因此也被称为"臭虫"。

蝽类昆虫有什么集体特性？

蝽类昆虫广泛分布于全世界，一般长5厘米以上，颜色鲜艳，有红、蓝、黑或橙等色。有的种类雌雄异形。蝽类昆虫在凉爽地带以成虫越冬，在温暖地区则于冬季不甚活跃。雌虫可产上百个卵，卵为桶状，连成排或成串，有的雌虫会守候在卵或初孵幼虫旁。

你知道荔蝽吗？

荔蝽是荔枝、龙眼的主要害虫，能使这些水果常年减产20%～30%，大发生年份则达80%～90%。此外，还会危害柑橘、梅、梨、桃、橄榄、香蕉等果树。成虫和若虫吸食花、幼果和嫩梢的汁液，造成落果，甚至枯死，尤其是在幼果结成的30天内最为严重。荔蝽分泌的臭液有腐蚀作用，能使花蕊枯死、果皮发黑，影响质量，并能损害人的眼睛及皮肤。若虫的危害有时比成虫更大。

什么是卷心菜斑色蝽？

卷心菜斑色蝽原产于热带、亚热带区，现分布于北美。盾形，长约1.25厘米，主要有红、黄、黑等鲜艳色彩。在一株菜上可多到50～60只成虫，吸食叶汁及叶绿素。卵产于叶底面。天暖时一年3～4代，幼虫形似成虫，但无翅，蜕皮5次。成虫寿命数月。收割时，去除虫害植物，或种芥菜诱集再以农药毒杀均可减少损失。

你见过稻绿蝽吗？

稻绿蝽，为半翅目蝽科。我国甜橘产区均有此虫的虫害发生。除了危害柑橘外，还危害水稻、玉米、花生、棉花、豆类、十字花科蔬菜、芝麻、茄子、辣椒、马铃薯、桃、李、梨、苹果等。稻绿蝽刺吸顶部嫩叶、嫩茎等汁液，常在叶片被刺吸部位先出现水渍状萎蔫，随后干枯，严重时上部叶片或烟株顶梢萎蔫。

▶千万不要以为稻绿蝽只危害稻子，油菜等蔬菜也是它们喜欢的食物

缘蝽是一种大害虫吗？

　　缘蝽属半翅目缘蝽科，分布在浙江、江西、广西、四川、贵州、云南等省，主要危害蚕豆、豌豆、菜豆、绿豆、大豆、豇豆、昆明鸡血藤、毛蔓豆等豆科植物，亦危害水稻、麦类、高粱、玉米、红薯、棉花、甘蔗、丝瓜等。成虫和若虫均喜欢刺吸花果或豆荚汁液，也可危害嫩茎、嫩叶。造成果荚不实或形成瘪粒，嫩茎、嫩叶变黄，受害严重时植株死亡、不结实，对产量影响很大。

▶缘蝽主要危害的农作物之一——高粱

▶ 水面上成群的水黾

黾蝽科昆虫生活在哪里？

黾蝽科昆虫几乎终生生活于水面，借助体下的拒水性毛和伸开的肢体等适应性性状，不致下沉或被水沾湿。黾蝽科在水面上划行主要依靠中足和后足的动作，前足在行动时举起，不用于划行，主要用于捕捉猎物。黾蝽以掉落在水上的其他昆虫、虫尸或其他动物的碎片等物为食。栖居环境包括湖泊、池塘等静水水面及溪流等流动的水面。在湍急的山溪上生活的种类，常常腹部变短或套缩入基部数节。海黾属等类群生活在海中，漂浮于开阔的洋面上，为昆虫中极少数正常在海上生活的类群之一。

什么是负子蝽?

　　负子蝽，又称田鳖，是一类水生昆虫，是我国南方及东南亚一带著名的食肉昆虫。呼吸管在腹部的末端，以水中的小鱼、小虫为食，性凶猛，能捕捉比自己身体更大的鱼，人称"水中霸王"。负子蝽对养殖渔业有一定危害。

　　负子蝽身体扁阔，椭圆形，灰褐色，喙短而强，腿大，前足强壮，体长45~65毫米。

　　此虫头较小，三角形；触角小，前胸大；前翅革质，发达，呈镰刀状；后翅膜质，色淡黄；跗节短，有一钩爪；中后肢胫节及跗节具长毛，足端有两个长爪。负子蝽翅膀较强硬，在夜间能出水飞翔。

▶负子蝽

夏季田间常见的绿色飞虫叫什么？

　　夏天，人们在田间漫步时，可看到一种绿色的、长着四个大翅膀的昆虫飞翔在空中，这种昆虫就是草蛉。草蛉体细长，长约10毫米，绿色。复眼有金色闪光。触角细长丝状。翅阔，透明，极美丽。常飞翔于草木间，在树叶上或其他平滑的光洁表面产卵。卵黄色，有丝状长柄，称"优昙华"。幼虫纺锤状，在树叶间捕食蚜虫，称"蚜狮"。

▶草蛉

螳螂是肉食动物吗？

螳螂是肉食性昆虫，猎捕各类昆虫和小动物，在田间和林区能消灭不少害虫，因而是益虫。性残暴好斗，缺食时常有大吞小和雌吃雄的现象。分布在南美洲的个别种类还能不时攻击小鸟、蜥蜴或蛙类等小动物。螳螂有保护色，有的并有拟态，与其所处环境相似，借以捕食多种害虫。动作灵敏，捕食时所用时间仅0.01秒。螳螂只吃活虫，常以有刺的前足牢牢钳食它的猎物。

▶ 兰花螳螂

世界上眼睛最多的昆虫是谁?

蜻蜓是世界上眼睛最多的昆虫。蜻蜓的眼睛又大又鼓，占据着头的绝大部分。蜻蜓有3个单眼，约由28000多只小眼组成，它们的视力极好，而且还能向上、向下、向前、向后看而不必转头。此外，它们的复眼还能测速。当物体在复眼前移动时，蜻蜓的每一个"小眼"依次产生出反应，经过加工就能确定出目标物体的运动速度，这使得它们成为昆虫界的捕虫高手。其咀嚼式口器发达，强大有力。

蜻蜓家族的"飞行冠军"是谁?

有一种分布在南美洲的蜻蜓，身长12厘米，是世界上最大的蜻蜓，同时，也是世界上飞得最快的昆虫，它短距离的冲刺速度可达58千米/小时。

 叶片上的蜻蜓

谁才是每天都盖新"房子"的"建筑师"？

卡罗来纳卷叶虫是一种无翼卷叶蟋蟀，它每天盖一所新"房子"。这种虫子实在了不起，夜间出来寻找蚜虫，每天黎明以前开始建巢。把叶子切好以后，像毛毯一样把叶子包在身上，然后用下唇把边缘用胸部缫成的丝"缝合"，把长触角贴在背上，白天它就在里面睡大觉。

斗蟋蟀是根据蟋蟀的什么性格而来？

蟋蟀多数中小型，少数大型。黄褐色至黑褐色。头圆，胸宽，丝状触角细长易断。咀嚼式口腔。有的大颚发达，强于咬斗。前足和中足相似并同长。后足发达，善跳跃。尾须较长。前足胫节上的听器，外侧大于内侧。雄性喜鸣、好斗，有互相残杀现象。雄性蟋蟀相互格斗是为了争夺食物、巩固自己的领地和占有雌性。正是因为蟋蟀生性好斗，所以古往今来很多人喜欢养蟋蟀、斗蟋蟀。

▶威风十足的蟋蟀

世界上现存最古老的昆虫是谁?

蟑螂是这个星球上最古老的昆虫之一，曾与恐龙生活在同一时代。根据化石证据显示，原始蟑螂约在4亿年前的志留纪出现于地球上。我们发现的蟑螂的化石或者是从煤炭和琥珀中发现的蟑螂，与各家橱柜中的并没有多大的差别。亿万年来，蟑螂的外貌并没什么大的变化，但生命力和适应力却越来越顽强，一直繁衍到今天，广泛分布在世界各个角落。值得一提的是，一只被摘头的蟑螂可以存活9天，9天后死亡的原因则是过度饥饿。

▶ 琥珀中的昆虫

蟑螂的生命力怎么那么顽强？

蟑螂有咀嚼式的口器，能啃食东西。蟑螂的食性非常复杂，从普通食品到擦鞋的刷子、电线胶皮、硬纸板、肥皂、油漆屑、枯叶、纺织品、皮革和头发等都可以成为它的食物。昆虫学家发现，有12种蟑螂可以靠糨糊活1个星期；美国蟑螂只喝水可以活1个月，如果没有食物也没有水，它们仍然可

▶ 生命力无比顽强的蟑螂

以活3个星期。蟑螂在食物短缺或者空间过分拥挤的情况下，会发生同类相残的行为。此外，它还吃粪便、痰液和小动物的尸体，并且边吃边排粪，身上弄得很脏。

它易粘带病菌、污染食物、传播各种疾病，如副伤寒、痢疾、结核和急性肝炎等症。

蚊子的幼虫叫什么?

蚊子的幼虫称为孑孓,用吸管呼吸。孑孓身体细长,呈深褐色,在水中上下垂直游动,以水中的细菌和单细胞藻类为食,呼吸气。如库蚊(家蚊)的孑孓尾端具有一条长呼吸管,管端为呼吸器的开口,呼吸时,身体与水面成一定角度,使呼吸管垂直于水面,摄食有机物及微生物,口的刷毛会产生水流,流向嘴巴;按蚊(疟蚊)无呼吸管,孑孓尾端的呼吸器开口于身体表面,呼吸时,身体与水面平行。这个时期维持10~14天以后,孑孓经4次蜕皮后发育成蛹,由蛹再羽化为成蚊。

▶蚊子把卵产在不洁的水中

蚊子都吸血吗？

只有雌蚊才吸血，雄性不会吸血。雌蚊必须吸血其卵巢才能发育，才能繁衍后代。雌蚊多在羽化后2～3天开始吸血，温度、湿度、光照等多种因素可影响蚊的吸血活动。蚊子在气温10℃以上时开始吸血，一般伊蚊多在白天吸，按蚊、库蚊多在夜晚吸；有的偏嗜人血，有的则爱吸家畜的血，但没有严格的选择性。因此，蚊可传播人畜共患病。

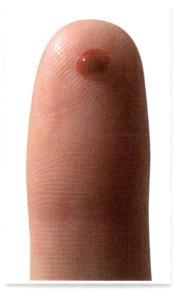

▶ 血是雌蚊子的最爱

你知道蚊子喜欢咬谁吗？

蚊子爱叮哪些人？蚊子对湿度、温度、汗液都很敏感，所以常叮爱出汗的人。儿童的皮肤娇嫩，新陈代谢活跃，皮肤上的毛孔挥发汗液快，常挨蚊子叮。还有，如果你穿上一件黑色的衣服，正好合适于蚊子的视觉习惯，会吸引蚊子。但是，蚊子对强气流很敏感，夏天当你摇扇乘凉时，蚊子就难以接近你。

蚊子怎么过冬呢？

一般蚊子每年4月开始出现，至8月中下旬达到活动高峰。秋天气候变冷，温度降到10℃以下时，蚊子就会停止繁殖，大量死亡，有极少的蚊子会存活，它们躲藏在墙缝、衣柜背后等可以避风避寒的地方，但会躲开较热的地方，如暖气。这有点儿像冬眠，既可以躲过严冬，又可以降低新陈代谢速度，避免因饥饿而死。

part 7

昆虫与人类

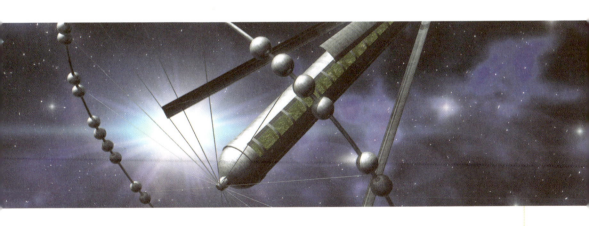

你知道爱吃书的蠹鱼吗？

蠹鱼，也称衣鱼，是衣鱼科昆虫的统称，一类较原始的无翅小型昆虫，全世界约有100多种,俗称蠹、白鱼、壁鱼、书虫。多生于古旧的房屋和古书中。畏光，好蠹食书籍、衣服、糨糊、胶质等物。

按不同生活环境而定，蠹鱼从幼虫变成虫需要至少4个月的时间，不过有时候发育期会长达3年。在室温环境下，大概一年就发育为成虫，寿命为2~8年。一条蠹鱼一生中会经历大约8次蜕皮；不过蠹鱼不断生长，一年蜕皮4次也不足为奇。蠹鱼爱好的食物为充满淀粉质或多糖的物品，如含葡聚糖的胶水、糨糊、书籍等装订物、照片、糖、毛发、泥土等。可是它们对棉花、亚麻布、丝和人造纤维等也毫不抗拒，甚至连其他昆虫尸体、自己蜕的皮也是照吃如饴。饥饿时甚至连皮革制品、人造纤维布匹等也吃。蠹鱼挨饿数个月，身体功能也不会受任何伤害。

▶ 书中的糨糊为蠹鱼提供了美食

昆虫是未来食物的主角吗？

不少昆虫的幼虫，其体内所含的物质非常符合人类的营养需求。联合国粮农组织在《可食用昆虫：食物和饲料保障的未来前景》报告中指出，全世界可供人类食用的昆虫超过1900种，世界上至少20亿人的传统食物中包含昆虫，许多昆虫富含优质蛋白质、多种维生素、纤维和矿物质，可以作为人类食物的主要来源，有助于缓解当前全球粮食和饲料短缺问题。

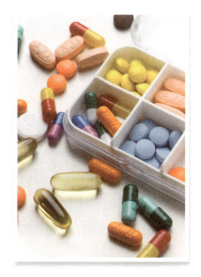
▶食用昆虫包含人体需要的多种维生素

事实上，在第二次世界大战后，针对食用昆虫资源的开发利用研究及昆虫食品深加工就已经开始。当时，德国国内出现严重的粮食短缺，政府部门将一些鳞翅目幼虫如家蚕、玉米螟等，经过化学处理，加工成罐头食品，供人们食用以解决危机。此后，美国、法国、日本、墨西哥等国家也相继加入开发研制昆虫食品的行列。在我国，对昆虫食品的深加工有一个显著特点，就是针对昆虫保健食品的研制，其中最典型的就是蜂王浆、蜂蜜等产品。

另外，昆虫蛋白质食品也是昆虫食品开发的重点。科研人员从可食用昆虫体内提取出纯蛋白，用作营养剂或是强化食品的添加剂。如蚕蛹蛋白，经过加工可制作蛋白粉直接添加到食品之中。对消化不良或肠胃不好的人而言，昆虫蛋白制品是不错的选择。

不过，也有生态学家担心，贸然引进新的可食用昆虫物种，可能会给当地生态平衡带来灾难。还有一些学者则认为，由于对食用昆虫的理论研究体系并不成熟，其可能产生的毒副作用尚未得到充分论证，大面积推广可能面临风险。

▶昆虫为齿轮的发明提供了灵感

昆虫是机械齿轮最早的发明者吗？

　　机械齿轮现在广泛应用在各行各业的机器设备里，但其实人类并不是机械齿轮的最早发明者。科学家用高速摄像机对一种伊苏斯昆虫进行了拍摄，通过研究视频他们发现，这种昆虫的后腿的关节位置有一个弯曲的窄条结构，上面有十几个齿轮样的结构。在幼虫向前跳跃的时候，它一条腿上的齿轮会与另外一条腿上的齿轮啮合在一起，这样两条腿会弯曲到合适的位置，在跳跃的时候能够基本同步运动。这样的结构只存在于这种昆虫的幼虫阶段，在蜕皮的过程中，这种结构也会得到修复，从而继续发挥作用。不过到了成虫阶段，这种齿轮结构就消失了。所以，在人类发明齿轮之前很久，昆虫就已经开始使用这种精巧的结构了。

蝇和航天事业有什么关系吗?

讨厌的蝇与宏伟的航天事业似乎风马牛不相及，但仿生学却把它们紧密地联系起来了。蝇是声名狼藉的"逐臭之夫"，凡是腥臭污秽的地方，都有它们的踪迹。蝇的嗅觉特别灵敏，远在几千米外的气味也能嗅到。但是蝇并没有"鼻子"，它靠什么来充当嗅觉器官呢？原来，蝇的"鼻子"——嗅觉感受器分布在头部的一对触角上。每个"鼻子"只有一个"鼻孔"与外界相通，内含上百个嗅觉神经细胞。若有气味进入"鼻孔"，这些神经立即把气味刺激转变成神经电脉冲，送往大脑。大脑根据不同气味物质所产生的神经电脉冲的不同，就可区别出不同气味的物质。因此，蝇的触角像是一台灵敏的气体分析仪。

仿生学家由此得到启发，根据蝇嗅觉器官的结构和功能，仿制成功一种十分奇特的小型气体分析仪。这种仪器的"探头"不是金属，而是活的蝇。就是把非常纤细的微电极插到蝇的嗅觉神经上，将引导出来的神经电信号经电子线路放大后，送给分析器，分析器一经发现气味物质的信号，便发出警报。

85

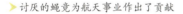
▶ 讨厌的蝇竟为航天事业作出了贡献

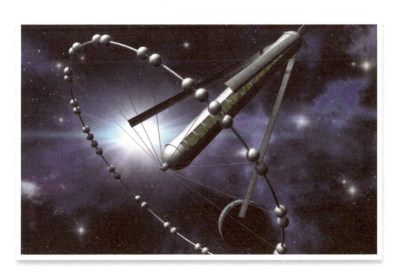

人工冷光的发明是受萤火虫启发吗?

在夜空中, 在皎洁的月光下, 飞着一个个提着灯笼的萤火虫。它们可是人类的"老师"。因为科学家通过萤火虫的光, 发明了一种不伤眼的光——人工冷光。

自然界中一些光并不热, 所以人类就把它

▶现代冷光灯的发明得益于萤火虫

们称为"冷光"。在众多的发光动物中, 萤火虫就是其中的一类, 萤火虫约有1500种, 它们发出的冷光的颜色有黄绿色、橙色, 光的亮度也不相同。萤火虫发出的冷光一般不仅具有很高的发光效率, 而且发出的冷光很柔和, 很适合人类的眼睛, 光的强度也比较高。因此, 生物光是一种人类理想的光。

早在20世纪40年代, 人们根据对萤火虫的研究创造了日光灯, 使人们的照明光源发生了很大的变化。近年来, 科学家先是从萤火虫的发光器中分离出了荧光素, 后来又分离出了荧光酶, 接着又用化学方法合成了荧光素、荧光酶、ATP(三磷酸腺苷)和水混合成的生物光源, 可在充满爆炸性瓦斯的矿井中当闪光灯。现在人们已能用掺和某种化学物质的方法得到类似生物光的冷光, 作为安全照明用。在我们眼中, 萤火虫只是一种会发光的生物罢了, 可是在科学家手中, 它却成了一盏盏闪光灯。所以我们在生活中要多多留心大自然的启示。